SANTA GERTRUDES
MODELO DE VIDA INTERIOR

COLEÇÃO TESTEMUNHAS – SÉRIE SANTOS

- *Agostinho, o convertido* – Bernard Sesé
- *Antônio de Pádua: um santo também para você* – Giovanni M. Colasanti
- *Bernadete: a Santa de Lourdes* – René Laurentin
- *Camillo de Lellis: evangelizador no campo da saúde* – Mateo Bautista
- *Dom Bosco: fundador da Família Salesiana* – Robert Schiélé
- *Edith Stein: uma vida por amor* – Vittoria Fabretti
- *Francisco Xavier: pioneiro da inculturação* – Hugues Didier
- *Inácio de Loyola: companheiro de Jesus* – Jorge González Manent
- *João Batista: o precursor do Messias* – René Laurentin
- *Padre Pio: o perfume do amor* – Elena Bergadano
- *Padre Pio: o São Francisco de nosso tempo* – Luigi Peroni
- *Pedro, o primeiro Papa: traços marcantes de sua personalidade* – René Laurentin
- *Santa Gertrudes: modelo de vida interior* – Benedito Carlos Alves dos Santos
- *São Cristóvão: condutor de Cristo e guia do motorista* – Padre Mário José Neto
- *São João da Cruz: um homem, um mestre, um santo*, Carmelo do Imaculado Coração de Maria e Santa Teresinha – Cotia/SP
- *São Judas Tadeu: o apóstolo da misericórdia de Cristo* – Jorge López Teulón
- *São Pedro: um homem à procura de Deus* – Dag Tessore
- *Teresinha de Jesus: traços biográficos* – Marc Joulin

Benedito Carlos Alves dos Santos

SANTA GERTRUDES
MODELO DE VIDA INTERIOR

Dados Internacionais de Catalogação na Publicação (CIP)
(Câmara Brasileira do Livro, SP, Brasil)

Santos, Benedito Carlos Alves dos
 Santa Gertrudes : modelo de vida interior / Benedito Carlos Alves dos Santos. – São Paulo : Paulinas, 2014. – (Coleção testemunhas. Série santos)

 ISBN 978-85-356-3855-4

 1. Gertrudes, Santa, 1256-1302 2. Santos cristãos - Biografia I. Título. II. Série.

 14-11965   CDD-282.092

Índice para catálogo sistemático:
1. Santos : Igreja Católica : Biografia e obra   282.092

1ª edição – 2014

Direção geral: *Bernadete Boff*
Editora responsável: *Andréia Schweitzer*
Coordenação de revisão: *Marina Mendonça*
Revisão: *Simone Rezende*
Gerente de produção: *Felício Calegaro Neto*
Diagramação: *Jéssica Diniz Souza*

Nenhuma parte desta obra poderá ser reproduzida ou transmitida por qualquer forma e/ou quaisquer meios (eletrônico ou mecânico, incluindo fotocópia e gravação) ou arquivada em qualquer sistema ou banco de dados sem permissão escrita da Editora. Direitos reservados.

Paulinas
Rua Dona Inácia Uchoa, 62
04110-020 – São Paulo – SP (Brasil)
Tel.: (11) 2125-3500
http://www.paulinas.org.br
editora@paulinas.com.br
Telemarketing e SAC: 0800-7010081

© Pia Sociedade Filhas de São Paulo – São Paulo, 2014

Ó Amor,
o ardor de tua divindade
abriu-me o Coração dulcíssimo de Jesus!
Ó Coração do qual mana toda doçura.
Ó Coração transbordante de ternura.
Ó Coração repleto de caridade!

Santa Gertrudes

Sumário

Apresentação 9
Introdução 11
Vida 17
A reviravolta 21
A mística de Santa Gertrudes 25
Devoção ao Sagrado Coração de Jesus 29
Escritos 35
Santa Gertrudes e o ideal monástico 41
Morte de Santa Gertrudes 51
Milagres e feitos de Santa Gertrudes 55
Algumas graças recentes 59
Tríduo em honra de Santa Gertrudes 61
Outras orações 79
Conclusão 87
Bibliografia 91

Apresentação

São muitos os santos da Igreja que pouco conhecemos. Santa Gertrudes é um desses santos. Como pároco de uma paróquia que tem como padroeira Santa Gertrudes, senti-me na obrigação de fazer uma pesquisa mais aprofundada para ajudar meus paroquianos a conhecer e amar tão grande santa. Foi assim que descobri esse grande expoente e modelo de vida de santidade. Com sabedoria e delicadeza feminina, Gertrudes de Helfta me cativou. Desse trabalho de pesquisa surgiu esta pequena obra.

Primeiramente, Santa Gertrudes nos encanta pela sua grande dedicação à vida monástica e aos estudos da Liturgia. Órfã de pai e mãe, ainda muito nova, aos cinco anos de idade, fica aos cuidados das monjas. Assim, desde cedo, aprende a amar a Jesus e preencher sua vida com esse amor.

Num segundo momento, somos surpreendidos pela profundidade das orações de Santa Gertrudes – atos de contrição, orações de preparação para a Sagrada Comunhão e outras –, que revelam sua intimidade com Deus.

Material de grande valia hoje para nossas comunidades, bem como para todos que queiram rezar com uma santa cujas experiências de oração superam tempo e espaço. Acredito que os leitores gostarão de ter em mãos a história de vida desta monja contemplativa e ativa, que soube aplicar-se com afinco à Regra de São Bento: *ora et labora* – reza e trabalha.

O autor

Introdução

"Ouve, filha, inclina o ouvido, esquece teu povo e a casa de teu pai; que agrade ao rei a tua beleza. Ele é teu senhor: curva-te diante dele" (Sl 45[44],11-12).

A partir deste Salmo podemos começar uma pequena introdução sobre a vida de Santa Gertrudes, de grande qualidade espiritual.

Observando a vida das Santas Virgens da Igreja, temos claro que Santa Gertrudes não deixou a desejar quanto a sua interna doação ao Rei dos reis, ao Esposo tão amado. Colocou-se inteiramente a serviço por causa do Reino.

Para entender melhor Santa Gertrudes precisamos nos localizar no tempo e, mais ainda, no estilo de vida a que ela se dedicou – vida monástica e, mais propriamente, vida de monja beneditina.[1]

---

[1] Temos o mérito de monges ou monjas beneditinos em Bento de Núrsia, nascido na Úmbria (Itália) no ano de 480. Em Subiaco, quando ainda jovem, Bento sentiu-se abalado com a corrupção romana e foi viver como eremita, até o dia em que seus discípulos se tornaram tão numerosos que foi obrigado a fundar uma comunidade. Em Monte Cassino, sobre as ruínas do templo de

Santa Gertrudes teve sua vida moldada na Regra de São Bento, que oferecia aos monges uma procura de Deus através da oração litúrgica (*Lectio Divina*), do trabalho manual e do estudo, mas também por uma vida comum, fraternal, santificada – menos pela mortificação do corpo do que pela doce autoridade do abade (*abbá*, pai) – e a elevação do coração. Um Deus mais bem servido e amado graças ao testemunho da vida monástica: este foi o objetivo de São Bento.[2]

O ideal geral da instituição monástica tem por fundamento a busca de Deus; tal é a disposição primordial que Bento de Núrsia exige do postulante que se apresenta às portas do mosteiro. Esta disposição será a prova da firmeza de sua vocação; mas deve estender-se a toda a vida do monge.[3]

Buscar a Deus é conservar-se unido a ele pela fé, é aderir a ele como objeto do nosso amor. Desta busca de Deus, princípio da nossa santidade, melhor modelo não po-

---

Júpiter, ele construiu um monastério, que ainda hoje é considerado o coração da grande família beneditina. O elemento essencial da obra de Bento é a sua Regra. Cf. PIERRARD, Pierre. *História da Igreja*, p. 58.

[2] Cf. id. ibid.

[3] MARMION, Columba. *Jesus Cristo ideal do monge*, p. 10.

demos encontrar que o próprio Jesus Cristo.[4] Para se chegar a Deus, Jesus é o caminho (cf. Jo 14,6). Portanto, a vida religiosa da qual Santa Gertrudes fazia parte baseava-se na busca de Deus mediante o seguimento de nosso Senhor Jesus Cristo, na busca da plenitude da adoção divina em Jesus, na entrega absoluta de todo o ser, por amor, ao apelo da vontade do alto. Tudo quanto Deus nos propõe e de nós exige, tudo o que Jesus nos aconselha outro fim não tem senão nos levar a mostrar que somos filhos de Deus e irmãos de Jesus. E, quando em todas as coisas realizamos esse ideal, não só nos pensamentos e ações, mas também nos motivos que nos impelem a agir, então atingimos a perfeição.[5]

No prólogo da Regra, supondo que se apresente um postulante para ser recebido como monge, ele pergunta: "O que é que se faz aqui?". Bento de Núrsia responde: "Torna-se para Deus, seguindo a Jesus".[6]

A Regra de São Bento é cristocêntrica e por isso pode-se explicar a experiência de Santa Gertrudes feita de Jesus no verdadeiro seguimento da Regra. No pensamento de São Bento, Cristo tem que ser tudo para o monge.

---

[4] Id. ibid., p. 23.
[5] Id. ibid., p. 47.
[6] Id. ibid., p. 53.

Exige que o monge, em tudo, recorra a Cristo, pense nele e nele se apoie; que o monge veja Cristo em tudo e em todos: no abade, nos irmãos, nos doentes, nos hóspedes, nos peregrinos, nos pobres.[7]

Para São Bento, a Ciência é uma exigência feita ao monge. Ciência essa que leve ao verdadeiro conhecimento de Deus e das coisas santas colhidas nas Escrituras, bem iluminadas pelos raios do Verbo Eterno e fecundadas pelo Espírito Santo.[8] Trata-se, portanto, de uma ciência de santidade, colhida na oração, assimilada e vivida por aquele que a deve transmitir, a jorrar da alma como irradiação de luz e calor celestes, que iluminam e fecundam os corações. Esta é a doutrina da sabedoria.[9]

Por fim vemos que Santa Gertrudes busca, na Regra de São Bento, os meios necessários para chegar à verdadeira santidade de vida. Um desses meios é a prática da Liturgia. Na Regra, à oração litúrgica e à oração mental deve necessariamente juntar-se o trabalho: "*ora et labora*". Toda a tradição monástica nos mostra que, onde estes dois meios – oração e

---

[7] Id. ibid., p. 55.
[8] Id. ibid., p. 67.
[9] Regra, c. LXIV.

trabalho – foram mais estimados, mais frutos de santidade monástica se colheram.[10]

É nesse contexto da Regra de São Bento que nasce a espiritualidade de Santa Gertrudes. De um ideal de perfeição seguido com firmeza de coração só poderia brotar santidade.

Assim se fala de Santa Gertrudes tomando as palavras de São Cipriano:

> Dirijo agora minha palavra às virgens, com tanto mais solicitude quanto maior é a sua glória. Elas são a flor da árvore da Igreja, beleza e ornamento da graça espiritual, fonte de alegria, obra perfeita e incorruptível de louvor e de honra, refletindo em santidade a imagem de Deus, a mais ilustre porção do rebanho de Cristo. Por causa das virgens se alegra a Mãe-Igreja, que nelas manifesta sua gloriosa fecundidade, crescendo com o número delas sua alegria materna.[11]

Minha intenção é apresentar para a comunidade, povo de Deus, dados importantes da vida de Santa Gertrudes.

De tudo o que aqui está escrito, quase nada é de minha autoria. Por isso, peço licença àqueles que escreveram sobre Santa

---

[10] MARMION, op. cit., p. 101.
[11] SÃO CIPRIANO. *Tratado sobre a conduta das virgens.* LITURGIA DAS HORAS. Comum das Virgens. v. III, p. 1663.

Gertrudes para que eu possa compilar um pouco das belezas que descreveram dessa grande santa. Não se pode deixar passar em branco a vida de santidade dessa mulher, Santa Gertrudes, a Grande.

Vida

A ascendência e o lugar de nascimento de Santa Gertrudes estão envoltos em espessa obscuridade. A julgar por uma indicação em suas *Revelações*,[1] parece descender de uma família ignota, e não de estirpe nobre.[2] Alguns dizem que talvez fosse filha ilegítima de algum nobre daquela época, pois as crônicas do monastério dão muitos detalhes das outras religiosas que ali moravam, porém dela nada se diz. Por isso muitas biografias inventaram, sem muitos fundamentos, dados sobre Santa Gertrudes.[3]

Vários autores e manuais concordam em dizer que Santa Gertrudes nasceu no ano de 1256, na festa da Epifania, como se a Providência Divina quisesse indicar que, com Gertrudes, surgiria um astro fulgurante no céu da Igreja, o qual por muitos séculos havia de lançar seu brilho ameno nos corações cristãos.

---

[1] SANTA GERTRUDES, A GRANDE. *Mensagem do amor de Deus. Revelações de Santa Gertrudes*. L. 1, c. I, p. 9.
[2] *Manual Gertrudiano*, pp. 15-16.
[3] GERTRUDIS DE HELFTA. *Mensaje de la Misericordia Divina*, Introdução, p. XVIII.

Em 1261, com cinco anos, entrou no internato do mosteiro da abadia de Helfta, na Alemanha. A pequena Gertrudes cresceu sob a orientação de Santa Matilde de Hackeborn, mestra das alunas, e da irmã desta, a Abadessa Gertrudes, que, além de seus preciosos dotes de firmeza e sabedoria, tinha pela pequena aspirante à vida monástica uma ternura e uma doçura toda materna.[4]

Há ainda uma discussão sobre se ela era beneditina ou cisterciense. Uma coisa é certa: o monastério em que ela se encontrava era regido pela Regra de São Bento, apesar de algumas correntes, nessa época, serem cistercienses.[5]

Deus realizou muitas obras na vida de Gertrudes. Historicamente falando, a escola monástica, segundo a tradição beneditina da era medieval, era um centro de estudos e formação intelectual no qual se cultivava a ciência sacra e a arte liberal.

Com apenas 19 anos de idade, Gertrudes, da nobre linhagem dos Hackeborn, foi eleita abadessa por unanimidade. Segundo contam os escritos, ela era uma verdadeira

---

[4] SORRENTO, Benedettine di (ed.) *Gli ezercizi, S. Gertrude la grande.*
[5] GERTRUDIS DE HELFTA. *Mensaje de la Misericordia Divina*, Introdução, p. XVII.

mãe espiritual de suas numerosas filhas. Transmitia um amor ímpar, de modo que cada uma se julgava preferida. Entre as crianças confiadas ao monastério para serem educadas, era ela a própria mansidão; entre as religiosas mais jovens, brilhava como exemplo de santidade e séria moderação; entre as mais idosas, expunha os tesouros de sua sabedoria e derramava luzes, consolações e alegrias, usando bondosamente de indulgência e de consideração delicada.

Lia com verdadeiro zelo as Divinas Escrituras, exigindo de suas filhas espirituais que amassem as Leituras Sagradas. Arranjava todos os livros bons que podia obter ou fazia as Irmãs transcrevê-los e velava para que as educandas progredissem nas artes livres, dizendo: "Se a cultura da ciência decair, visto deixar de serem entendidas as Sagradas Escrituras, simultaneamente há de perecer a vida de uma ordem religiosa".[6]

Sendo assim, a Abadessa Gertrudes era convicta de que se fazia necessária uma séria preparação cultural dentro de uma comunidade religiosa, assim como o estudo sobre as Sagradas Escrituras. Estes estudos deveriam fazer parte tanto da vida litúrgica como da piedade do mosteiro. Por isso, criou

---

[6] *Revelações Gertrudianas e Mechtildianas*, Prefácio.

no mosteiro um centro de cultura e atividades artísticas.

Sob o constante cuidado amoroso desta abadessa-mãe, a pequena Gertrudes ia crescendo no sagrado jardim do mosteiro, qual lírio cândido para a glória de Deus e satisfação das monjas, resplandecendo pelo brilho das virtudes.[7] Passou os anos de sua infância e adolescência com o coração puro e em ávido deleite nas artes livres, preservada pelo Pai Eterno.

Santa Gertrudes, já na adolescência, com viva inteligência, sentiu-se fascinada pelo saber: dedicava-se à oração, aos trabalhos manuais e à meditação, sem descuidar dos estudos, com ardor e fascínio.

Até então, não existem acontecimentos externos importantes em sua vida, salvo os referentes a sua vida interior. Trabalhou no escritório monástico, copiando os códigos. Sua saúde nunca foi muito boa, e por isso faltava muito aos atos regulares da comunidade, sobretudo no final de sua vida. Também cantava, com sua mestra, Matilde de Hackeborn.

---

[7] *Manual Gertrudiano*, Introdução, p. 18.

A reviravolta

Coube ao Pai de Misericórdia fazer em Santa Gertrudes uma obra nova, chamando-a, por sua graça, das coisas exteriores às interiores, das ocupações corpóreas aos exercícios espirituais, completando sua obra com uma significativa revelação.

Gertrudes se mostrava árida, quase entediada, nas práticas de piedade dos exercícios da vida religiosa. Com a idade de 25 anos descobriu a vida mística em uma visão, em 27 de janeiro de 1281, na festa de São João Evangelista, depois das Completas.[1] Foi então que, à luz da graça, ela passou a conhecer seu estado interior, que sendo tão desregrado e desordenado, não apresentava lugar ao Divino Salvador que lá dentro queria habitar.[2] O castelo de sua vaidade e desordem, como mais tarde se expressaria, teve de ser arrasado. Afirmava que pelo orgulho chegara a ponto de se tornar indigna do hábito monástico e de viver como cristã.[3]

---

[1] No *Breviário*, "Completas" são as Orações da Noite.
[2] Cf. *Manual Gertrudiano*, Introdução, p. 21.
[3] Id. ibid.

Conta-se que nesse dia teve uma visão na qual Jesus Cristo falou com ela. Estando Gertrudes no meio do dormitório depois de terminadas as Completas, e tendo inclinado a cabeça a uma irmã mais velha que encontrou, conforme a regra monástica, ao erguer-se viu um jovem ao seu lado, de pé. Esse jovem era amável, delicado e formoso, aparentando mais ou menos dezesseis anos de idade.[4] De semblante afável e com palavras carinhosas, disse a Gertrudes: "Em breve virá sua salvação. Por que te consomes em tristeza? Acaso não tens conselheiro, pois te transformou a dor?".[5]

Enquanto ouvia estas palavras, Gertrudes tinha a sensação de estar no coro, no lugar onde costumava fazer suas orações tíbias. E continuava a ouvir suas palavras: "Eu te salvarei e te livrarei; não temas!".[6] O jovem então segurou sua mão, de maneira terna e delicada, como se confirmasse tais palavras numa promessa, acrescentando: "Com meus inimigos provaste da terra e do mel no meio dos espinhos; volta-te agora para mim e inebriar-te-ei com a torrente das minhas delicias".[7] Nesse momento, Gertru-

---

[4] Id. ibid., p. 25.
[5] Id. ibid.
[6] Id. ibid., p. 26.
[7] Id. ibid.

des se sente num espaço sem passagem e cercada de espinhos que a impediam de aproximar-se do tal jovem. De repente, sem nenhuma dificuldade, ele a toma, levanta-a e a coloca junto de si. Ela então reconhece naquela mão, da qual recebeu tal promessa, as marcas das chagas. A leviandade juvenil converteu-se-lhe, daquele momento em diante, em repugnância. Com o mesmo zelo que se desenvolvera em prol das artes livres, agora se dedicaria a Jesus. Todas as coisas exteriores começaram a lhe causar tédio.

Daí em diante, Cristo sempre mais e mais a atrai para si, para que vivesse unicamente a seu serviço e glorificação. Começa para Gertrudes uma vida nova, diferente, com maravilhosas visões e revelações que a elevam muito acima da sua vida costumeira. Foi o início da mais íntima união entre Deus e sua alma. Conta-se que, por ter se entregado a uma conversa mundana, o Senhor a abandonou por onze dias. Sua vida passou a ser traduzida em renúncia absoluta do mundo, amor à oração, profundíssima humildade e pureza angélica.

Esse era o período áureo da Escolástica, grande luminar da nova Teologia. Santo Tomás de Aquino e São Boaventura haviam morrido no ano de 1274. Pouco tempo depois, em 1280, também Santo Alberto Magno e

Santa Matilde entrariam no céu em triunfo de glória. Como fato histórico, diz-se que os Dominicanos visitavam com frequência a Abadia de Helfta. Por isso se pergunta: teria Santa Gertrudes conhecido Santo Tomás e Santo Alberto, os grandes mestres da Ordem dos Pregadores? Não existe prova documental, mas não é impossível, pois pelo que se sabe ela sempre foi atenta às antigas tradições beneditinas e cistercienses.

A mística de Santa Gertrudes

A espiritualidade e mística das monjas de Helfta são cristocêntricas, tendo como base as Sagradas Escrituras, a Liturgia e a Regra de São Bento. O grande ideal é o de conhecer e amar mais a Deus, pelo caminho da mais perfeita e íntima união com o Verbo Encarnado. Talvez seja por isso que Santa Gertrudes tenha sido a pioneira na experiência do Sagrado Coração, como veremos mais adiante.

O que predomina na formação das monjas que seguem a Regra de São Bento é a celebração da Sagrada Liturgia. Um predomínio não só qualitativo, como também quantitativo. Os estudos humanísticos tinham também grande importância para as monjas de Helfta. O estudo era especificamente da *Lectio Divina*: estudo meditado das Sagradas Escrituras, dos escritos dos Padres da Igreja e de autores mais recentes que falavam sobre a vida espiritual e litúrgica.[1] São Bento dedicava três horas por dia à *Lectio Divina*.[2]

---

[1] Cf. GERTRUDIS DE HELFTA. *Mensaje de la Misericordia Divina*, Introdução, p. XXI.
[2] Cf. GRÜN, Anselm. *A oração como encontro*, p. 93.

Santa Gertrudes satisfazia por completo seu coração com passagens das Sagradas Escrituras, de modo que sempre lhe estava à mão um texto divino edificante. A cada erro, buscava apoio nos testemunhos bíblicos, não conseguindo ninguém refutá-la. As Sagradas Escrituras lhe pareciam ser como favo de mel na boca, um som de órgão melodioso ao ouvido e um júbilo espiritual ao coração. Por isso, também, querendo tornar lúcidas e acessíveis a entendimentos mais débeis quaisquer passagens obscuras, escolhendo-as como grãos de trigo, à maneira das pombas, compilou textos das obras dos santos e reuniu-os em livros, cheios de doçura, para regozijo de quem desejasse ler.[3]

Tendo como base essa fonte de espiritualidade das monjas de Helfta, Santa Gertrudes leva a sério a observância da Regra de vida do mosteiro. Inteligente e ativa, sempre teve uma mente aberta e uma vivacidade engenhosa que a levou a uma inspiração ardente dos estudos sagrados e aos trabalhos intelectuais, aos quais se abandonava todos os dias não obstante os sofrimentos dos seus últimos dias de vida. Tanto que foi no seu leito de morte que, com mais facilidade, conseguiu compor maravilhosas orações.

---

[3] Cf. *Manual Gertrudiano*, Introdução, p. 30.

Incomparavelmente humilde, adquire a virtude de corrigir seus defeitos, evitando sempre a vanglória. Dedicava-se com empenho às irmãs que dela precisavam. Dizia ser isso graça da Divina Misericórdia, dons que ela se achava indigna de receber. Assim, se achava um canal transmissor da graça de Deus.

A uns compungia salutarmente com suas palavras; a outros iluminava quanto ao conhecimento tanto de Deus como dos próprios defeitos; a certos ministrava o subsídio de um consolo reconfortante, e ao coração de outros inflamava para um amor a Deus mais ardente. Mesmo aqueles que somente ouviram uma exortação sua confessavam que, por causa dela, sentiram grandíssima consolação.[4]

Não menos profunda foi a prática da caridade em sua vida. Sólida cultura, grande humildade e ardente caridade foram as marcas de Santa Gertrudes. Essas qualidades fizeram com que ela suportasse os sofrimentos terrenos que a debilitaram progressivamente. Sempre mansa e serena, desapegando-se de suas próprias vontades, dá seu amor exclusivamente a Jesus. Ele que ao céu destinou sua confidente, encarregada de divulgar entre os

---

[4] Cf. id. ibid., p. 33.

homens a sua infinita misericórdia, expressa no Coração Divino, por todos os pecadores.

Jesus foi para Santa Gertrudes como um dia de primavera palpitante de vida perfumado de flores; esplendor de todas as cores, fragrância de todos os odores, encanto de todas as melodias, doçura de todos os sabores. Por esse último aspecto, Santa Gertrudes pode ser comparada a Santa Teresa d'Ávila, pois demonstra uma experiência da alma com bases profundamente teológicas. Pode ser comparada também a Santa Margarida Maria Alacoque, pelo culto vivo à Eucaristia e pela santa humildade de Cristo, que a fez antecipar a devoção ao Sagrado Coração de Jesus.

Devoção ao Sagrado Coração de Jesus

A devoção ao Sagrado Coração de Jesus é recente para nossa fé. Por isso, no caso de Santa Gertrudes, o mais correto seria falar sobre sua experiência do coração misericordioso de Jesus Cristo, o Verbo Encarnado.

Dom Próspero Guéranger, fundador do famoso Mosteiro de Solesmes e restaurador da Sagrada Liturgia, dizia que a característica especial da piedade de Santa Gertrudes para o Verbo Encarnado era sua devoção ao Sagrado Coração de Jesus. Nosso Senhor várias vezes apresentou seu Sagrado Coração em penhor da íntima união que queria com ela. Ele dignou-se tocar a santa virgem, que sentiu que seu Divino Esposo vivia dentro dela.

Sabemos que, aos 26 anos de idade, Santa Gertrudes foi agraciada pela primeira vez com a visão do seu Esposo Divino, a quem ardentemente amava. Desse momento até sua morte, Cristo Senhor comunicou-se com ela face a face. Imprimiu em seu coração suas cinco chagas, desposou-a por meio de sete preciosos anéis, símbolos das suas virtudes mais esplendorosas, e em sinal de sua mística, como não se pode descrever, trocou seu Divino Coração com o dela. Desse momento em diante, a vida desta pomba monástica, tão abençoada, havia de ser em sua essência extática, sobrenatural e misteriosa.[1] Daí nasce a experiência e o amor ao Sagrado Coração de Jesus.

Santa Gertrudes recebeu com Santa Matilde de Hackeborn e com Matilde de Lagdeburgo as primeiras revelações do Sagrado Coração.

A devoção às Santas Chagas e ao Coração ferido de Jesus foi se intensificando a partir do século XII, sobretudo nas congregações e ordens religiosas e, por meio delas, no meio do povo. Mas grande glória é dada ao século XIII, século de São Boaventura, Santa Matilde e Santa Gertrudes, às quais o Senhor fez especiais revelações.

Para Santa Gertrudes, o Coração de Jesus aparecia-lhe ora como um tesouro, que encerrava todas as riquezas, ora como uma lira tangida pelo Espírito Santo, para delícia da Santíssima Trindade e de toda corte celeste, ora como nascente abundante, cujas águas levam alívio às almas do Purgatório, fortaleza aos que lutam na terra e delícias aos

---

[1] Cf. Manual Gertrudiano, Introdução, p. 33.

eleitos do céu. Talvez aqui possamos entender porque fazia parte da espiritualidade de Santa Gertrudes rezar pelos falecidos.

Outras vezes o Sagrado Coração lhe aparecia como um turíbulo de ouro do qual sobem tanto perfumes de incenso quanto os seres humanos pelos quais o Salvador morreu na cruz; também como um altar em que os fiéis depõem as suas ofertas, os eleitos as suas homenagens, os anjos as suas adorações e os santos se dessedentam.

E esclarece Santa Gertrudes:

> É aquele Divino Coração que se digna suprir as nossas negligências ao prestar homenagens devidas a Deus, a Nossa Senhora e aos outros santos. Para satisfazer todas as nossas obrigações, este Sagrado Coração faz-se nosso servo, nossa caução; só nele as nossas obras atingem a perfeição e nobreza que as tornam agradáveis à Divina Majestade; é dali que partem e podem descer à terra. Enfim, é a morada suave, o santuário sagrado que se abre às almas quando partem da terra, para poderem permanecer sempre nas inefáveis delícias da eternidade.[2]

São João Evangelista apareceu a Santa Gertrudes no dia 27 de dezembro, convidando-a a repousar com ele junto do Senhor, ficando ela do lado da chaga aberta

---

[2] Cf. BESSA, Ana Maria. Os dois corações, p. 20.

pela lança, para melhor adentrar o íntimo do Divino Coração, visto não ser ainda um mesmo espírito com Deus... Apontando o peito de Jesus, disse São João: "Eis o Santo dos Santos que atrai para si todos os bens do céu e da terra". Unidos assim ao Senhor, sentiram ambos as suaves palpitações do coração do Salvador, tal como ele as tinha sentido na Última Ceia. E, para esclarecer Santa Gertrudes, explica porque não tinha dito nada sobre as palpitações do coração de Jesus: "A minha missão era oferecer à Igreja primitiva uma simples palavra sobre o Verbo Encarnado, capaz de satisfazer, até o fim dos séculos, a inteligência da humanidade, sem, todavia, chegar a compreendê-la plenamente. Mas reservou-se para agora revelar a suavidade daquelas palpitações, para que, ouvindo estas coisas, de novo se abra o mundo que envelhece e arrefece no amor".[3]

A partir de Santa Gertrudes até a Renascença pagã e o Protestantismo houve um reflorescimento na devoção ao Coração de Jesus. O culto ao Sagrado Coração de Jesus que temos hoje se dá a pedido de Santa Margarida Maria Alacoque (1647-1690), religiosa da Ordem da Visitação que viveu intensa experiência mística no convento onde viveu em

---

[3] Id. ibid.

Paray-le-Monial, na França, tendo recebido revelações do Sagrado Coração.

Em 1765, em resposta a um pedido dos bispos poloneses, foi autorizada uma festa litúrgica com ofício próprio do Sagrado Coração de Jesus. Em 1856 tal festa foi implantada para a Igreja Universal.

É celebrada na sexta-feira que segue ao segundo domingo depois de Pentecostes.

Escritos

Santa Gertrudes escrevia em latim. Segundo consta, ela escreveu as *Revelações*, também conhecidas como *Mensagem da misericórdia divina* (*Legatus divinae pietatis*), e *Os exercícios espirituais*. Por último, também podemos falar das *Preces gertrudianas*.[1]

Revelações

As obras de Santa Gertrudes são essencialmente constituídas de relatos de visões. Algumas dessas visões parecem, às vezes, estranhas e extravagantes, com representações difíceis. Mas não podia ser diferente, uma vez que fazem parte de uma experiência mística.

As *Revelações* são testemunhos concretos de uma vida espiritual especialíssima e de uma verdadeira união com Deus. Não se pode traduzir suas experiências como mero pieguismo ou visionarismo em sentido pejorativo. Deve-se levar em conta a situação concreta da época em que viveu Santa

---

[1] Cf. GERTRUDIS DE HELFTA. *Mensaje de la Misericordia Divina*, Introdução, p. XIX.

Gertrudes, em plena Idade Média, época dos grandes ideais místicos. Basta citar aqui como exemplo a vida ascética de São Francisco de Assis.

Santa Gertrudes compara seu relacionamento com o Senhor com o Cântico dos Cânticos. É algo delicado e íntimo, envolto num humilde amor a Deus. Dentro dessa humildade é que brotava a fonte de suas lágrimas, que costumava derramar, meditando a paixão de seu amado Jesus.

Exercícios espirituais

Diz-se que o título não é original. Sendo Santa Gertrudes a mestra na vida espiritual, quis alimentar com manjares celestes suas irmãs de hábito não só com exemplos piedosos, mas também com escritos instrutivos. Com isso surgem *Os exercícios espirituais*. São sete os exercícios, de forma que cada degrau vai conduzindo para o crescimento da vida espiritual. Representam também a semana da criação, onde o ser humano é imagem perfeita do Criador.

No *Manual gertrudiano*, na introdução, encontramos o testemunho de que muitos foram os santos que se inspiraram nos *Exercícios* de Santa Gertrudes, como Santa Teresa, São Francisco de Sales, Santo Afonso de Ligório, assim como exegetas, como Cornélio a Lápide, Blosio Palladio e outros. Sua fonte de inspiração foram as Sagradas Escrituras. São sete pequenas obras, uma independente da outra, mas que no todo se completam, pois abrangem a vida inteira, desde o berço até o leito de morte. Podem ser chamadas hoje de sete esquemas para entrar no trabalho de retiro e na oração.

O primeiro exercício tem em vista a renovação da graça batismal. O Batismo é a porta de todos os outros meios de nossa salvação. Segundo Santa Gertrudes, pelo Batismo nos foi posta a base sobrenatural da santidade. Sobre ela é que se deve erguer o edifício divino da vida.

O segundo exercício introduz, por isso mesmo, a suprema vocação, a vocação do estado religioso, que Santa Gertrudes escolheu. É o estado de consagração da alma para Deus; é a "conversão" conforme o modo de se expressar do glorioso São Bento. "Despe o velho homem... e veste o novo..." (cf. Ef 4,22.24).

O terceiro exercício liga-se imediatamente ao anterior. É o propósito durador da conversão através do pacto solene: a santa profissão dos votos.

O quarto exercício vem recordar a renovação do abandono a Deus, por cuja execução a alma simultaneamente se torna partícipe dos tesouros das graças que a Igreja concede.

O quinto exercício é uma escola de instrução assaz atraente para o cumprimento do maior de todos os mandamentos, o mandamento do amor. Está relacionado ao fogo do amor divino, que tão vigorosamente ardia no coração de Santa Gertrudes. Semelhante a um serafim, sentia-se atraída ao Coração de Jesus.

O sexto exercício dá a mais pura clareza, a mais resplandecente beleza, à chama do amor que se eleva até o céu: transfigura-a na chama do holocausto do louvor e do agradecimento. Constitui a altura mais luminosa da adoração de Deus, o culto mais sublime, mais desinteressado da criatura ao seu Criador. É o exercício por excelência, no qual se começa a presenciar os êxtases de amor dos Santos Seráficos.

O sétimo exercício assegura todos os anteriores, os aperfeiçoa e os coroa, visto fundar-se sobre a humildade, raiz de todas as virtudes, e principalmente sobre o temor ao juízo de Deus, de que se trata nesta prática. Esta última parte passa a ser um drama cristão, com cenas indizivelmente dolorosas do mais sublime espetáculo do céu e da terra, do cruento sacrifício da cruz. Emergem as cenas da paixão do Senhor.

A piedade de Gertrudes, como transparece nos *Exercícios*, é grande. A percepção que ela tem da transcendência de Deus, princípio e fim da Criação; a ideia central de que Deus é essencialmente autor. Uma devoção ardente pelo Mistério da Trindade e por cada pessoa divina, um amor intenso, pleno de gratidão e dedicação pelo Salvador, mediador e caminho para o Pai. Um sentimento de admiração e de confiança filial por Nossa Senhora, o desejo de união eterna, de ver a volta de Jesus.

Os *Exercícios* de Santa Gertrudes são páginas de poesia; são cânticos. Mostra a aluna de uma grande mística do século XIII. Usa a linguagem do amor humano para exprimir e cantar o amor divino. Podemos até dizer que abusa da imaginação para dar o colorido, mas não deixa de usar as Sagradas Escrituras como fonte – os livros Sapienciais, os Salmos, o Cântico dos Cânticos, as Cartas de São Paulo, assim como o Apocalipse e outros. Os anos de estudos da literatura e dos clássicos não foram em vão, pois serviram de ajuda aos escritos de Gertrudes. Ela escreveu com elegância. Tudo serviu para expressar o ardor cândido e espontâneo com que ela revela a riqueza profunda de sua alma.

Preces gertrudianas

As chamadas *Preces gertrudianas* não são escritos de Santa Gertrudes. Foram compostas por um jesuíta de Colônia (1670).[2] Essas orações têm a função de levar personalidade aos escritos da Santa. O que se pode dizer é que Santa Gertrudes escreveu alguns opúsculos sobre diversas passagens bíblicas, sobre a Liturgia, sobre a Regra de São Bento e sobre as obras de São Bernardo. Crê-se também que ela tenha conhecido os escritos de alguns Franciscanos.

Santa Gertrudes e Santa Teresa d'Ávila foram mestras e guias, e podem servir de ajuda espiritual às almas do nosso tempo. Ensinam como rezar com a Bíblia e com a Liturgia da Igreja e como chegar ao Pai por meio de Jesus, com seu Coração vivificado com o Espírito Santo.

---

[2] GERTRUDIS DE HELFTA. *Mensaje de la Misericordia Divina*, Introdução, p. XIV.

Santa Gertrudes e o ideal monástico

Por ter vivido com afinco e seriamente a vida monástica é que Santa Gertrudes pode ser considerada modelo e ideal de vida a serem seguidos ainda hoje. Com base nisso, citamos aqui o livro *Jesus Cristo ideal do monge*,[1] escrito por Dom Colomba Marmion, monge do Mosteiro de Singeverga, na região do Porto, Portugal, que ele complementa com opúsculos de Santa Gertrudes.

Diz o livro:

> Vede Santa Gertrudes. Sabeis o amor singular que nosso Senhor lhe testemunhava; declarava não haver então na terra criatura alguma para a qual se inclinava com tanto prazer, a ponto de acrescentar que o encontrariam sempre no coração de Gertrudes, cujos mais pequeninos desejos se comprazia em satisfazer. Certa alma que conhecia tão grande intimidade ousou um dia perguntar ao Senhor que espécie de atrativos tinha para merecer tais preferências. Amo-a assim, respondeu o Senhor, por causa da liberdade do seu coração, em que não tem entrado coisa alguma que possa disputar-me a soberania.

---

[1] MARMION, op. cit.

Porque estava desapegada inteiramente de toda criatura, porque em todas as coisas buscava unicamente a Deus, merecia Santa Gertrudes ser objeto das complacências divinas, verdadeiramente inefáveis e extraordinárias.

Incontestavelmente, o estado religioso é muito duro para a natureza, pois obriga a criatura a renunciar, continuamente, até a si mesma. Santa Gertrudes, contemplando as legiões de eleitos, em dia de Todos os Santos, viu os religiosos figurarem na ordem dos mártires; esta visão significava que a profissão faz da nossa vida um perpétuo holocausto.[2]

Nossa Santa Gertrudes, esse lírio de pureza, dizia ao Senhor, com um sentimento de profunda humildade: "Para mim, Senhor, o maior milagre é a terra poder aguentar uma pecadora tão indigna como eu".[3]

"Quando tudo houverdes entregado de nós mesmos pela obediência, receberemos numa medida incomparável, o *Bem infinito*." Era o que Jesus Cristo dizia a Santa Gertrudes, essa monja que lhe era tão cara. Um dia, no fim da missa do Domingo de Ramos, meditava ela no modo como os amigos de

---

[2] Cf. id. ibid., p. 171.
[3] Id. ibid., p. 222; e GERTRUDIS DE HELFTA. *Mensaje de la Misericordia Divina*, t. I, 1, c. XI.

Jesus o tinham recebido em Betânia, para onde se havia retirado à tarde. Sente acender-se-lhe o desejo de hospedar a Jesus em seu coração. Logo Jesus Cristo lhe aparece e diz: "Aqui estou. E tu o que é que me vais dar?". Respondeu Santa Gertrudes: "Ah! Sede bem-vindo, salvação da minha alma, meu único tesouro! Mas, ai! Não tenho nada preparado que seja digno da vossa magnificência. E assim, ofereço-vos todo o meu ser, e peço-vos que vós mesmo prepareis em mim o que mais agradar ao vosso coração". E Jesus Cristo replica: "Uma vez que me dás liberdade, farei o que me pedes; mas preciso da chave, para que possa encontrar e dispor de tudo quanto desejo". "E que chave é essa de que precisais e que eu vos tenho de entregar?", perguntou a Santa. "A tua vontade própria", respondeu o Senhor. A Santa passou a compreender que Jesus Cristo se deleita numa alma que se entrega totalmente a ele e nada reserva de si mesma; pela obediência perfeita, entrega a Cristo a chave que ele pede.[4]

Um dia em que a nossa Santa Gertrudes pedia que o Senhor corrigisse certos defeitos, por demais manifestos, de um dos seus superiores, Jesus Cristo respondeu: "Não é só este, mas todos os que governam a tua

---

[4] Id. ibid., p. 186 e GERTRUDIS DE HELFTA. *Mensaje de la Misericordia Divina*, 1 IV, c. XXIII.

congregação, tão grata, apesar disso, aos meus olhos, que têm cada qual os seus defeitos. Não sabias? Ninguém neste mundo está isento de misérias; mas deves ver nisso um dos efeitos da minha misericórdia, que desta forma aumenta o mérito de todos. Os súditos, para se sujeitarem, precisam de maior virtude quando o representante da autoridade é imperfeito do que quando o procedimento desde é irrepreensível".[5]

Desta verdade teve Santa Gertrudes revelação numa das suas visões. Ao entoarem as Vésperas da Santa Trindade, Cristo apresentou o seu Coração, tendo nas mãos como uma lira melodiosa. Nesta lira vinham suavemente retinir diante do Senhor, formando um hino delicioso, o fervor das almas e todas as palavras dos cânticos sagrados.[6]

Jesus vive em nós a realidade de seus mistérios e, quando temos fé e nos unimos a ele com amor, arrasta-nos consigo, fazendo-nos participar na virtude própria de seus estados. Lemos nas *Revelações* de Santa Gertrudes que ao contemplar Cristo subindo ao céu, em dia de Ascensão, preparava-se para receber nosso Senhor na Comunhão;

---

[5] Id. ibid., p. 392 e DOLAN, D. G. *Sainte Gertrude, sa vie intérieure*, c. V.

[6] Id. ibid., p. 449 e GERTRUDE D'HELFTA. *Le Héraut de l'amour Divin*, 1. IV, c. 41

nesse momento abençoado, Cristo apareceu-
-lhe e disse: "Eis que venho a ti, não para me
despedir, mas para te levar comigo para junto
de meu Pai". Cristo tornava assim a grande
contemplativa participante da graça especial,
própria do mistério de sua ascensão.[7]

Conta-se de Santa Gertrudes que nos
últimos tempos de sua vida uma febre ardente
a atormentava, obrigando-a a ficar de cama,
aflita. Uma noite o Esposo Divino dignou-se
aparecer-lhe. Na mão direita tinha a saúde,
na esquerda a doença. "Escolhe, minha
querida", disse. Mas Gertrudes afastou-as;
atirou-se e escondeu-se no Sagrado Coração,
pois não queria outra coisa para si que não
fosse o cumprimento da vontade de Deus.
Ela então, virando-se, disse: "Olhai, ó meu
Senhor, oculto-vos o meu rosto, mostrando-
-vos assim que desejo, de todo o coração,
que não considereis a minha própria vontade,
mas, ao contrário, no que me diz respeito,
realizeis sempre e em tudo os vossos adoráveis desígnios". Comovido com tão perfeita
generosidade, Cristo, com as duas mãos abriu
o seu coração: "Porque voltas o teu rosto para
me provar o teu completo desprendimento,
quero derramar no teu coração a suavidade e

---

[7] Id. ibid., p. 465 e GERTRUDE D'HELFTA. *Le Héraut de l'amour Divin*, 1. IV, c. XXXVI.

as delícias que transbordam do meu".[8] "Tudo tem a sua hora nas adoráveis decisões da minha previdente sabedoria", dizia ainda Jesus Cristo à sua fiel serva Gertrudes.[9]

Encontramos na vida da grande monja beneditina um fato bem significativo. Um domingo antes da Ascensão, na enfermaria, Gertrudes levantara-se ao primeiro sinal, apressando-se a recitar piedosamente as Matinas, para poder depois ter mais tempo para a oração. Tinha acabado a quinta lição, quando uma irmã, doente também, chegou-se a ela. Esta irmã, porém, não podia unir-se ao ofício porque ninguém o lia perto dela. Tocada de compaixão, Santa Gertrudes interrompeu-o e diz a Jesus: "Senhor, bem vedes que já fui além das minhas forças; todavia, quero, nesta caridade que seja vós mesmo". E recomeça as Matinas para a irmã enferma. Estando a recitar o ofício, Cristo, confirma com suas palavras: "O que fazeis ao menor dos meus considero-o como feito a mim mesmo". Nesse momento mostrou-se a Gertrudes e deu-lhe ali mesmo provas tão grandes de ternura, que a palavra é incapaz de traduzir. Cada uma das palavras do louvor divino espalhada na alma da Santa era doce e suave luz da ciência divina.

---

[8] Id. ibid., p. 570 e DOLAN, op. cit., c. XIII.
[9] Id. ibid., p. 571 e DOLAN, op. cit., 1. c. p. 259.

Aliás, durante toda a vida esta digna filha de São Bento mostrou uma caridade, uma condescendência inesgotável. Conta-se que nos últimos dias da Semana Santa, sua alma ficava tão unida a Cristo, cujos mistérios dolorosos então se celebravam, que lhe era impossível desviar o pensamento de Jesus para aplicá-lo a coisas exteriores. Mas, ao tratar-se de obras de caridade, logo recobrava a liberdade, fazendo-as sem hesitação – prova evidente, acrescenta o biógrafo da Santa, que o hóspede a quem Gertrudes aderia interiormente no repouso estático daqueles dias era aquele de quem São João escrevera: "Deus é caridade; se nos amarmos uns aos outros, Deus permanecerá em nós e a caridade será perfeita nas almas".[10]

Por isso, nosso Senhor considera como muito agradável ao seu Sagrado Coração uma alma que se aproxima dele, na Comunhão, com disposições de amor sem restrição para com o próximo. Cumula-a de dons magníficos; as negligências, as faltas que podem escapar a essa alma são-lhe perdoadas imediatamente, por causa do amor ardente aos membros da sua Igreja.

---

[10] Id. ibid., p. 494 e GERTRUDIS DE HELFTA. *Mensaje de la Misericordia Divina*, 1. IV, c. 35.

Nosso Senhor revelou a Gertrudes que uma das razões de sua generosidade para com ela era a confiança absoluta que a monja tinha na sua bondade e nos seus tesouros. Em um de seus *Exercícios*, Santa Gertrudes deixa transparecer essa certeza que lhe dão os méritos infinitos de Deus.

Ao pensar no tribunal divino, cuja imagem se lhe apresenta ao Espírito, ela faz aos seus merecimentos o mais tocante apelo: "Que seria de mim, Senhor, que seria de mim, se, ao comparecer diante de vós, não tivesse advogado que respondesse por mim? Ó Caridade, vinde em minha defesa, respondei por mim, obtende-me o perdão. Se vos dignardes defender a minha causa, graças a vós, conservarei a vida. Sei o que vou fazer: vou tomar o cálix da salvação, sim, o cálix de Jesus, e colocá-lo-ei no prato vazio da balança da verdade. Por este meio, valer-me-ei para tudo o que me falta, cobrirei todos os meus pecados. Este cálix reerguerá todas as minhas ruínas; por ele suprirei ainda mais a minha indignidade... Vinde comigo ao julgamento" – disse Gertrudes ao Salvador –, "fiquemos juntos. Julgai, tendes disso o direito, mas sois também o meu advogado. Para que eu seja justificada, basta que tenhais em conta aquilo em que vos tornastes por amor de mim, o bem que resolvestes fazer-me, o preço considerável que vos custei. Domastes a minha natureza para que eu não morresse; carregastes o fardo dos meus pecados, morrestes por mim, para que eu não morresse eternamente, por quererdes encher-me de méritos; tudo me destes. Julgai-me pois, na hora da minha morte, segundo esta inocência e pureza que me conferistes em vós, quando pagastes toda a minha dívida, sendo julgado e condenado em meu lugar, para que, apesar de pobre e necessitada que o sou por mim mesma, goze, no entanto, da abundância de todos os bens".[11]

---

[11] Id. ibid., pp. 642-643 e Sétimo exercício: reparação pelos pecados.

Morte de Santa Gertrudes

Gertrudes, em fevereiro de 1288, teve em sua vida o prelúdio de grandes sofrimentos. Disse ela: "Embora seja eu o rebotalho de vossa criação, meu amoroso desejo é morrer, enfim, estar convosco e oferecer-vos a homenagem do meu cântico de alegria, em união com a feliz sociedade que canta eternamente vossos louvores no céu". Sua íntima amiga, Santa Matilde, parte em 1298. Enfim, no ano de 1300, na festa de São Martinho, em 11 de novembro, Santa Gertrudes pergunta ao Divino Esposo: "Senhor, quando me chamarás para vós?". Ele responde: "Muito em breve eu tirarei você do mundo". Ao ouvir tais palavras Gertrudes sente muita alegria.

Na Páscoa seguinte, o Senhor envia dois anjos anunciar-lhe que estava prestes a soar a hora de sua libertação. Apareceram espíritos celestiais para convidar Gertrudes às alegrias do Paraíso, cantando a mais doce das melodias.

A partir disso, ela abandona-se totalmente ao Senhor e intensifica as suas orações. Adquire uma forte hepatite e sua saúde fica cada vez mais precária, até que suas forças se esvaem e ela parte para a casa do Pai Eterno. Não se sabe ao certo se era 16 ou 17 de novembro de 1301 ou 1302, tempo em que cessam as suas obras. "Desta sorte a pomba, cansada do longo voo sobre as águas da terra prevaricadora, com o ramo da oliveira, símbolo da paz, entrará finalmente na arca protetora do Coração do seu Esposo; e, elevando-se com ele, partiu para a pátria, dolorosamente anelada, para o repouso eternamente doce e para as alegrias nupciais."[1]

Cerca de quarenta anos após a morte de Santa Gertrudes, o Mosteiro de Helfta foi invadido e incendiado pelos soldados de Alberto de Brunswick, o indigno bispo de Halberstadt. Não foi completamente destruído; porém, devido à situação de insegurança, julgaram mais prudente para as monjas morarem próximas à cidade de Eisleben. Elas construíram, então, o novo Mosteiro de Nova Helfta, mas conservaram a posse de sua antiga residência, deixando intactos os túmulos de suas irmãs, provavelmente na esperança de regressar um dia, quando a paz fosse restabelecida.

Numa outra insurreição dos camponeses, o Mosteiro de Helfta foi novamente incendiado, e as religiosas obrigadas a procurar asilo. Por isso, do sepulcro de Santa

---

[1] *Manual Gertrudiano*, Introdução, p. 93.

Gertrudes nada temos hoje, pois seus restos mortais se perderam depois da devastação do Convento em 1346.

Em 20 de julho de 1738, Clemente XII declarou data de memória de Santa Gertrudes para 15 de novembro, estendendo assim o seu culto para toda a Igreja; depois, essa data foi mudada para 16 de novembro. O rei da Espanha pediu e obteve que Santa Gertrudes fosse declarada padroeira das Índias Ocidentais. No Peru festejam-na com extraordinário esplendor. No Novo México construíram em sua honra uma cidade, à qual foi dado seu nome.

Milagres e feitos de Santa Gertrudes

No *Manual gertrudiano* encontramos alguns relatos de graças alcançadas por intermédio de Santa Gertrudes.[1] O zelo da caridade da Serva de Deus não se limitou exclusivamente ao âmbito do mosteiro. Seu vasto coração abrangia a todos os atribulados, infelizes e oprimidos. Muitos pecadores se converteram à oração fervorosa através de seu exemplo de vida. Pessoas aflitas, doentes, desamparadas, na alma das quais infundia uma consolação, mediante sua meiga compaixão, que era tal que não estava em seu poder reter as lágrimas, com a simples recordação da miséria humana, para a qual obtinha alívio com o dom de operar milagres.

Segundo a tradição, aconteceu, certo ano, que no mês de março fez um frio tão intenso, que homens e animais estavam ameaçados de morte. Gertrudes ouviu algumas pessoas afirmarem que não havia esperança

---

[1] *Manual Gertrudiano*, Introdução, p. 45. Também podem ser encontrados em GERTRUDIS DE HELFTA. *Mensaje de la Misericordia Divina*, L. I. 13.

alguma de, naquele ano, colher fruto algum, porque a julgar pela posição da lua, o frio não abrandaria ainda por longo tempo. Eis então que um dia, durante a missa, após a Comunhão, orou devotamente ao Senhor nessa intenção e na de vários outros assuntos. Terminada a sua oração, recebeu do Senhor esta resposta: "Fica certa de que foste atendida em todas as petições que acabas de fazer-me". Ela retrucou: "Senhor, se eu devo tão seguramente estar certa disso, e já que é justo que em seguida vos renda graças, concedei-me isso como prova: que o rigor deste duríssimo frio seja amenizado". Tendo dito isto e acabada a missa, saiu do coro e encontrou seu caminho todo umedecido, pois se derretia por toda a parte o gelo e a neve acumulados. E como todos notassem que isso acontecia contra a disposição natural do clima, maravilharam-se com a ocorrência do fato. E como ignorassem que a eleita de Deus tinha impetrado isso por suas preces, pressagiaram que esse bom tempo não haveria de perdurar, visto não ser conforme à ordem natural. No entanto, seguiu-se um clima de primavera muito branda, que continuou durante toda a estação.

Na época da ceifa, quando chovia mais do que convinha, e por isso todos redobravam as rezas, receando perigos para os cereais e os frutos, Gertrudes colocou-se em prece com os demais, recebendo do Senhor a firme promessa de que amenizaria as intempéries do tempo – o que de fato aconteceu. Naquele mesmo dia, embora aparecessem muitas nuvens, o sol lançou com grande brilho os seus raios sobre a terra.

Em muitas outras circunstâncias também obtinha, frequentemente de modo extraordinário e quase que sem o pedir, às vezes somente por uma palavra um tanto jocosa, que o auxílio divino lhe assistisse. Eis um exemplo: estando assentada sobre a palha, caiu-lhe da mão uma agulha ou algum outro objeto diminuto, que de forma alguma se poderia encontrar. Disse então, e muitos a ouviram: "Senhor, quanto eu me esforço em vão por procurar isto! Fazei vós que eu ache". E, assim, sem que para lá voltasse os olhos, estendendo a mão, logo tirava de dentro da palha o que perdera, como se o visse num pavimento planíssimo. De semelhante modo, empenhava-se amiúde em todos os seus afazeres, fossem grandes ou pequenos, clamando sempre em seu auxílio o Amado da sua alma, e em todas as ocorrências encontrou nele um auxiliar fidelíssimo e o mais benigno possível.

Gertrudes era sensível às manifestações da natureza e possuía um coração brando. Uma irmã que se ferira no trabalho despertou sua sincera compaixão. As fadigas e os embaraços dos feitores do mosteiro enchiam-na de interesse e de pena. Até mesmo os pássaros e outros animais, que ela percebia estarem com frio, sede e fome, lhe causavam compaixão; nessas ocasiões ela orava para que, de alguma forma, Deus os protegesse, aliviando-lhes os sofrimentos.

Conta-se, ainda, de Santa Gertrudes que certa vez ela arrancou os pregos do crucifixo de Jesus e substituiu-os por cravos perfumados da Índia. Uma outra vez, depois de longa vigília, disse a nosso Senhor: "Boa-noite, meu Bem-Amado, deixa-me dormir para renovar minhas forças, pois estou exausta depois de tanto meditar". Quando se dispôs a deitar-se viu nosso Senhor desprender um braço da cruz dizendo: "Meu incessante amor aumenta teus ardentes propósitos, enquanto que teu terno amor por mim me causa as mais suaves delícias".

Algumas graças recentes

No período em que trabalhamos na paróquia Santa Gertrudes – Diocese de Santo Amaro (SP), foi alimentada uma devoção ligada ao Sagrado Coração de Jesus: toda primeira sexta-feira do mês eram levadas flores vermelhas na Santa Missa em devoção à Santa Gertrudes. As flores eram abençoadas e, no final da missa, distribuídas entre os fiéis, representando a bênção como intercessão de Santa Gertrudes.

Numa dessas missas, no ano de 2001, uma devota senhora, membro do Apostolado do Sagrado Coração, enfermeira, levou para o hospital uma rosa vermelha de Santa Gertrudes, pois logo após a missa começava o seu horário de plantão. No hospital, uma senhora estava sentido muitas dores, sofria muito. A enfermeira deu a essa senhora a rosa de Santa Gertrudes, recomendando a ela que tivesse fé. A senhora colocou a rosa em contato com o rosto, acalmou-se e teve significativas melhoras.

Aconteceu também de sermos procurados por uma senhora do interior de São Paulo, dizendo que queria conhecer nossa paróquia e nossa padroeira, pois havia recebido uma graça por intermédio de Santa Gertrudes. Numa de suas cartas enviadas à nossa Paróquia ela assim narrou:

> Durante três meses uma figura alta, trajada de preto e com uma touca cobrindo-lhe a cabeça, fez-se presente na minha mente. Por ser uma figura vestida de preto, eu tinha um pouco de medo, mas, como moro sozinha, procurei superar a situação. Comecei a sentir fortes dores na região lombar e, após exames rigorosos, foram constatadas hérnias de disco em duas vértebras. Aos poucos, a dor foi progredindo e se espalhando, a ponto de travar minhas pernas e o pescoço.
>
> Uma tarde, achava-me no quintal e fui ficando travada. Fui com muito sacrifício para dentro de casa. Quando cheguei no meio do quarto, doida de dor, falei em voz alta: "Meu Deus, ajudai-me!". No mesmo instante, a figura passou na minha mente e falou apenas: Santa Gertrudes!
>
> Nunca vira esta santa, não ouvira nada sobre ela, muito vagamente já ouvira falar em Fazenda Santa Gertrudes. Mas a força e a autoridade com que ela me falou, fez-me pedir a ela que me curasse. Três dias depois as dores haviam desaparecido e até hoje, mais de seis meses depois, as dores não retornaram. Mas o meu interesse por Santa Gertrudes se aguça a cada dia.

Tríduo em honra de Santa Gertrudes

O sentido da oração refere-se sempre a Jesus Cristo. Elegemos os santos como modelo, a quem pedimos que, junto da Santíssima Trindade, intercedam junto a Deus, nosso Pai, a quem a oração verdadeiramente se dirige (cf. CIC).

Este tríduo pretende nos ajudar a realizar um exame de consciência e uma autêntica contrição para que haja uma verdadeira conversão de coração a Deus, meditando na misericórdia do próprio Cristo, que nos ensinou a viver no verdadeiro discipulado. Assim fazemos para que nosso coração possa realmente ser igual ao dele.

Em cada dia repetem-se as orações e a ladainha a Santa Gertrudes, recomendando-nos à sua proteção, além de ser apresentada uma leitura de Evangelho de Lucas, que nos oferece o conhecimento de Cristo.

PRIMEIRO DIA

Saudação

Em nome do Pai e do Filho e do Espírito Santo. Amém.

Oração inicial[1]

Salve, Santa Gertrudes, casta pomba sem fel nem amargura! Salve, lírio escolhido, que por sua candura tanto agradou ao Senhor! Salve, rosa entre os espinhos, que por sua paciência tanto deleitou o Salvador! Salve, flor de primavera sempre florescente, que pelo perfume das suas virtudes tamanho gozo preparou à Santíssima Trindade! Salve, esposa amada de Jesus Cristo, cujo amor tão abundante possuístes! Eu vos saúdo e vos louvo por intermédio do Coração dulcíssimo de Jesus, a quem da mesma forma rendo graças, pelo grande amor que a vós tinha e pelos favores inúmeros e inestimáveis que a vós conferiu. A fim de ainda aumentar vossa bem-aventurança no céu, ofereço-vos o Coração melífluo de Jesus e rogo-vos, pelo amor e pela doçura que Jesus sempre manifestou convosco, queiras-me benignamente

---

[1] Com os títulos honrosos que o próprio Cristo conferiu à Seráfica Virgem. Cf. *Mensagem do amor de Deus. Revelações de Santa Gertrudes*, L. 1, c. 4, p. 4.

incluir em vossa intercessão e vos digneis alcançar-me de Jesus a graça de não morrer em estado de pecado. Amém.

Palavra de Deus

"Um fariseu convidou Jesus para jantar. Ele entrou na casa do fariseu e sentou-se à mesa. Havia na cidade uma mulher que era pecadora. Quando soube que Jesus estava à mesa na casa do fariseu, trouxe um frasco de alabastro, cheio de perfume, postou-se atrás, aos pés de Jesus e, chorando, lavou-os com suas lágrimas. Em seguida, enxugou-os com os seus cabelos, beijou-os e os ungiu com o perfume. Ao ver isso, o fariseu que o tinha convidado comentou: 'Se este homem fosse profeta, saberia quem é a mulher que está tocando nele: é uma pecadora!'. Então Jesus falou: 'Simão, tenho uma coisa para te dizer'. Ele respondeu: 'Fala, Mestre'. 'Certo credor', retomou Jesus, 'tinha dois devedores. Um lhe devia quinhentas moedas de prata, e o outro cinquenta. Como não tivessem com que pagar, perdoou a ambos. Qual deles o amará mais?'. Simão respondeu: 'Aquele ao qual perdoou mais'. Jesus lhe disse: 'Julgaste corretamente'. Voltando-se para a mulher, disse a Simão: 'Estás vendo esta mulher? Quando entrei na tua casa, não me ofereceste água para lavar os pés; ela, porém, lavou meus pés com lágrimas e os enxugou com seus cabelos. Não me beijaste; ela, porém, desde que cheguei, não parou de beijar meus pés. Não derramaste óleo na minha cabeça; ela, porém, ungiu meus pés com perfume. Por isso te digo: os muitos pecados que ela cometeu estão perdoados, pois ela mostrou muito amor. Aquele, porém, a quem menos se perdoa, ama menos'. Em seguida, disse à mulher: 'Teus pecados estão perdoados'. Os convidados começaram a comentar entre si: 'Quem é este que até perdoa pecados?'. Jesus, por sua vez, disse à mulher: 'Tua fé te salvou. Vai em paz!'" (Lc 7,36-50).

Ato de contrição[1]

Senhor, eu me arrependo sinceramente de todo mal que pratiquei e do bem que deixei de fazer. Pecando, eu vos ofendi, meu Deus e sumo bem, digno de ser amado sobre todas as coisas. Prometo firmemente, ajudado com a vossa graça, fazer penitência e fugir às ocasiões de pecar. Amém.

Jesus, manso e humilde de coração, fazei meu coração semelhante ao vosso (*repetir dez vezes*).

Pai-Nosso. Glória.

---

[1] O Catecismo da Igreja Católica ensina que a contrição consiste "numa dor da alma e detestação do pecado cometido, com a resolução de não mais pecar no futuro" (nn. 1451-1452).

Ladainha

Senhor,	*tende piedade de nós.*
Jesus Cristo,	*tende piedade de nós.*
Senhor,	*tende piedade de nós.*
Jesus Cristo,	*ouvi-nos.*
Jesus Cristo,	*atendei-nos.*
Deus Pai Celestial,	*tende piedade de nós.*
Deus Filho, Redentor do mundo, que sois Deus	*tende piedade de nós.*
Deus Espírito Santo, que sois Deus	*tende piedade de nós.*
Santa Trindade, que sois um só Deus,	*tende piedade de nós.*
Santa Maria, Mãe de Deus,	*rogai por nós!*
Todos os coros dos santos,	*rogai por nós!*
Todos os santos eleitos de Deus,	*rogai por nós!*
Santa Gertrudes,	*rogai por nós!*
Virgem casta,	*rogai por nós!*
Filha do Pai Celeste,	*rogai por nós!*
Esposa escolhida de Jesus Cristo,	*rogai por nós!*
Templo do Espírito Santo,	*rogai por nós!*
Júbilo da Santíssima Trindade,	*rogai por nós!*
Florzinha aromática na mão de Cristo,	*rogai por nós!*
Flor da primavera sempre viçosa,	*rogai por nós!*
Rosa sem espinhos,	*rogai por nós!*
Casta pomba sem o fel do pecado,	*rogai por nós!*
Serafim terrestre,	*rogai por nós!*
Santuário de vida,	*rogai por nós!*
Confiança forte de vossos veneradores,	*rogai por nós!*

Jesus Cristo, Esposo de
   Santa Gertrudes, *tende piedade de nós!*
Por sua humildade, *tende piedade de nós!*
Por sua puríssima
   castidade, *tende piedade de nós!*
Por sua constante paciência, *tende piedade de nós!*
Pelo deleite que em
   seu coração sentistes, *tende piedade de nós!*
Pelo amor com que desde toda
   a eternidade a escolhestes, *tende piedade de nós!*
Pelo amor com que tão
   suavemente a atraístes a vós, *tende piedade de nós!*
Pelo amor com que tão
   amigavelmente vos unistes
   com ela, *tende piedade de nós!*
Pelo amor com que
   graciosamente moráveis
   em seu coração, *tende piedade de nós!*
Pelo amor com que
   lhe comunicais agora
   as alegrias eternas, *tende piedade de nós!*
Pelo amor com que amais
   a todos os santos
   e lhes agradais, *tende piedade de nós!*
Jesus Cristo, *tende piedade de nós!*

Cordeiro de Deus, que tirais
   os pecados do mundo, *perdoai-nos, Senhor.*
Cordeiro de Deus, que tirais
   os pecados do mundo, *atendei-nos, Senhor.*
Cordeiro de Deus, que tirais
   os pecados do mundo, *tende piedade de nós.*

À vossa intercessão me recomendo, ó Santa Virgem Gertrudes, suplicando-vos devotamente que vos digneis atender ao meu amor para convosco e à firmíssima confiança de meu coração em vosso patrocínio, e inscrevais meu nome em vosso coração santificado, e me coloqueis no número daqueles que singularmente amais e protegeis, a fim de que por vossa valiosa intercessão e vossos abundantes méritos consiga viver de modo que minhas obras sejam agradáveis a Deus e o deleitem. Amém.

V.: Rogai por nós, Santa Gertrudes, virgem amável!

R.: Para que sejamos dignos das promessas de Cristo!

Rezemos

Jesus Cristo, Senhor de bondade, eu vos peço, lembrai-vos da afeição e do amor que nutristes para com o coração virginal de Santa Gertrudes. Por esse mesmo amor fostes impelido a prometer-lhe que pecador nenhum que a venerasse e amasse morreria sem preparação. Por isso, rogo-vos concedais a este indigno a graça de poder expiar todos os seus pecados e se emendar, de vos amar de todo o coração e morrer em graça, na esperança e na fé em vós. Amém.

Oração final

Ave, ó Santa Gertrudes! Pelo dulcíssimo Coração de Jesus Cristo, vós sois cheia de graças e cheia de amor. Vós sois bendita entre as virgens, e bendito é Jesus Cristo, vosso Esposo Amorosíssimo, que mostrou para convosco tanta caridade e que vos ornou com tão numerosas graças. Santa Gertrudes, rosa do paraíso, de aroma agradável, rogai por nós, pobres pecadores, agora e na hora da nossa morte. Amém.

SEGUNDO DIA

Saudação

Em nome do Pai e do Filho e do Espírito Santo. Amém.

Oração inicial

Salve, Santa Gertrudes, casta pomba sem fel nem amargura! Salve, lírio escolhido, que por sua candura tanto agradou ao Senhor! Salve, rosa entre os espinhos, que por sua paciência tanto deleitou o Salvador! Salve, flor de primavera sempre florescente, que pelo perfume das suas virtudes tamanho gozo preparou à Santíssima Trindade! Salve, esposa amada de Jesus Cristo, cujo amor tão abundante possuístes! Eu vos saúdo e vos louvo por intermédio do Coração dulcíssimo de Jesus, a quem da mesma forma rendo graças, pelo grande amor que a vós tinha e pelos favores inúmeros e inestimáveis que a vós conferiu. A fim de ainda aumentar vossa bem-aventurança no céu, ofereço-vos o Coração melífluo de Jesus e rogo-vos, pelo amor e pela doçura que Jesus sempre manifestou convosco, queiras-me benignamente incluir em vossa intercessão e vos digneis alcançar-me de Jesus a graça de não morrer em estado de pecado. Amém.

Palavra de Deus

"Um homem tinha dois filhos. O filho mais novo disse ao pai: 'Pai, dá-me a parte da herança que me cabe'. E o pai dividiu os bens entre eles. Poucos dias depois, o filho mais novo juntou o que era seu e partiu para um lugar distante. E ali esbanjou tudo numa vida desenfreada. Quando tinha esbanjado tudo o que possuía, chegou uma grande fome àquela região, e ele começou a passar necessidade. Então, foi pedir trabalho a um homem do lugar, que o mandou para seu sítio cuidar dos porcos. Ele queria matar a fome com a comida que os porcos comiam, mas nem isto lhe davam. Então caiu em si e disse: 'Quantos empregados do meu pai têm pão com fartura, e eu aqui, morrendo de fome. Vou voltar para meu pai e dizer-lhe: 'Pai, pequei contra Deus e contra ti; já não mereço ser chamado teu filho. Trata-me como a um dos teus empregados'. Então ele partiu e voltou para seu pai. Quando ainda estava longe, seu pai o avistou e foi tomado de compaixão. Correu-lhe ao encontro, abraçou-o e o cobriu de beijos. O filho, então, lhe disse: 'Pai, pequei contra Deus e contra ti. Já não mereço ser chamado teu filho'. Mas o pai disse aos empregados: 'Trazei depressa a melhor túnica para vestir meu filho. Colocai-lhe um anel no dedo e sandálias nos pés. Trazei um novilho gordo e matai-o, para comermos e festejarmos. Pois este meu filho estava morto e tornou a viver; estava perdido e foi encontrado'. E começaram a festa. O filho mais velho estava no campo. Ao voltar, já perto de casa, ouviu música e barulho de dança. Então chamou um dos criados e perguntou o que estava acontecendo. Ele respondeu: 'É teu irmão que voltou. Teu pai matou o novilho gordo, porque recuperou seu filho são e salvo'. Mas ele ficou com raiva e não queria entrar. O pai, saindo, insistiu com ele. Ele, porém, respondeu ao pai: 'Eu trabalho para ti há tantos anos, jamais desobedeci a qualquer ordem tua. E nunca me deste um cabrito para eu festejar com meus amigos. Mas quando chegou esse teu filho, que esbanjou teus bens com as prostitutas, matas para ele o novilho gordo'. Então o pai lhe disse: 'Filho, tu estás sempre comigo, e tudo o que é meu é teu. Mas era preciso festejar e alegrar-nos, porque este teu irmão estava morto e tornou a viver, estava perdido e foi encontrado'" (Lc 15,11-32).

Ato de contrição

Senhor, eu me arrependo sinceramente de todo mal que pratiquei e do bem que deixei de fazer. Pecando, eu vos ofendi, meu Deus e sumo bem, digno de ser amado sobre todas as coisas. Prometo firmemente, ajudado com a vossa graça, fazer penitência e fugir às ocasiões de pecar. Amém.

Jesus, manso e humilde de coração, fazei meu coração semelhante ao vosso (*repetir dez vezes*).

Pai-Nosso. Glória.

Ladainha

(Ver p. 65)

Rezemos

Jesus Cristo, Senhor de bondade, eu vos peço, lembrai-vos da afeição e do amor que nutristes para com o coração virginal de Santa Gertrudes. Por esse mesmo amor fostes impelido a prometer-lhe que pecador nenhum que a venerasse e amasse morreria sem preparação. Por isso, rogo-vos concedais a este indigno a graça de poder expiar todos os seus pecados e se emendar, de vos amar de todo o coração e morrer em graça, na esperança e na fé em vós. Amém.

Oração final

Ave, ó Santa Gertrudes! Pelo dulcíssimo Coração de Jesus Cristo, vós sois cheia de graças e cheia de amor. Vós sois bendita entre as virgens, e bendito é Jesus Cristo, vosso Esposo Amorosíssimo, que mostrou para convosco tanta caridade e que vos ornou com tão numerosas graças. Santa Gertrudes, rosa do paraíso, de aroma agradável, rogai por nós, pobres pecadores, agora e na hora da nossa morte. Amém.

TERCEIRO DIA

Saudação

Em nome do Pai e do Filho e do Espírito Santo. Amém.

Oração inicial

Salve, Santa Gertrudes, casta pomba sem fel nem amargura! Salve, lírio escolhido, que por sua candura tanto agradou ao Senhor! Salve, rosa entre os espinhos, que por sua paciência tanto deleitou o Salvador! Salve, flor de primavera sempre florescente, que pelo perfume das suas virtudes tamanho gozo preparou à Santíssima Trindade! Salve, esposa amada de Jesus Cristo, cujo amor tão abundante possuístes! Eu vos saúdo e vos louvo por intermédio do Coração dulcíssimo de Jesus, a quem da mesma forma rendo graças, pelo grande amor que a vós tinha e pelos favores inúmeros e inestimáveis que a vós conferiu. A fim de ainda aumentar vossa bem-aventurança no céu, ofereço-vos o Coração melífluo de Jesus e rogo-vos, pelo amor e pela doçura que Jesus sempre manifestou convosco, queiras-me benignamente incluir em vossa intercessão e vos digneis alcançar-me de Jesus a graça de não morrer em estado de pecado. Amém.

Palavra de Deus

"Tendo entrado em Jericó, Jesus estava passando pela cidade. Havia ali um homem chamado Zaqueu, que era chefe dos publicanos e muito rico. Ele procurava ver quem era Jesus, mas não conseguia, por causada multidão, pois era baixinho. Então ele correu à frente e subiu numa árvore para ver Jesus, que devia passar por ali. Quando Jesus chegou ao lugar, olhou para cima e disse: 'Zaqueu, desce depressa! Hoje eu devo ficar na tua casa'. Ele desceu depressa, e o recebeu com alegria. Ao verem isso, todos começaram a murmurar, dizendo: 'Foi hospedar-se na casa de um pecador!'. Zaqueu pôs-se de pé, e disse ao Senhor: 'Senhor, a metade dos meus bens darei aos pobres, e se prejudiquei alguém, vou devolver quatro vezes mais'. Jesus lhe disse: 'Hoje aconteceu a salvação para esta casa, porque também este é um filho de Abraão. Com efeito, o Filho do Homem veio procurar e salvar o que estava perdido'" (Lc 19,1-10).

Ato de contrição

Senhor, eu me arrependo sinceramente de todo mal que pratiquei e do bem que deixei de fazer. Pecando, eu vos ofendi, meu Deus e sumo bem, digno de ser amado sobre todas as coisas. Prometo firmemente, ajudado com a vossa graça, fazer penitência e fugir às ocasiões de pecar. Amém.

Jesus, manso e humilde de coração, fazei meu coração semelhante ao vosso (*repetir dez vezes*).

Pai-Nosso. Glória.

Ladainha

(Ver p. 65)

Rezemos

Jesus Cristo, Senhor de bondade, eu vos peço, lembrai-vos da afeição e do amor que nutristes para com o coração virginal de Santa Gertrudes. Por esse mesmo amor fostes impelido a prometer-lhe que pecador nenhum que a venerasse e amasse morreria sem preparação. Por isso, rogo-vos concedais a este indigno a graça de poder expiar todos os seus pecados e se emendar, de vos amar de todo o coração e morrer em graça, na esperança e na fé em vós. Amém.

Oração final

Ave, ó Santa Gertrudes! Pelo dulcíssimo Coração de Jesus Cristo, vós sois cheia de graças e cheia de amor. Vós sois bendita entre as virgens, e bendito é Jesus Cristo, vosso Esposo Amorosíssimo, que mostrou para convosco tanta caridade e que vos ornou com tão numerosas graças. Santa Gertrudes, rosa do paraíso, de aroma agradável, rogai por nós, pobres pecadores, agora e na hora da nossa morte. Amém.

Outras orações

Oração a todos os santos

Ó vós, santos e santas de Deus, e vós principalmente, meus muito amados padroeiros, saúdo e venero-vos com toda a afeição de meu coração. Adoro e bendigo a imensa bondade e liberalidade da sempre adorável Trindade por todas as graças brotadas do abismo inesgotável da divina bondade para vossa salvação; a todos juntamente suplicando, e a cada um em particular, dignar oferecer-se em sacrifício à Trindade sempre gloriosa e imutável, e para suprir a minha negligência e indignidade, todo o zelo e toda a preparação que tivestes no dia da vossa assunção: a perfeição completa com a qual fostes apresentados à face do Deus glorioso, para dele receber vossa eterna recompensa. Amém.[1] (*Pedir a graça e rezar, com Santa Gertrudes, o Salmo 116, a seguir.*)

---

[1] L. 3, c. 10.

"Aleluia! Amo o Senhor porque escuta
o clamor da minha prece.
Pois inclinou para mim seu ouvido
no dia em que eu o invocava.
Os laços da morte me apertavam,
eu estava preso nas redes do Abismo;
tristeza e angústia me oprimiam.
Então invoquei o nome do SENHOR:
'Ó SENHOR, salva a minha vida!'.
O SENHOR é clemente e justo,
o nosso Deus é misericordioso.
O SENHOR protege os simples:
eu era fraco e ele me salvou.
Volta, minha alma, à tua paz,
pois o SENHOR te fez o bem;
ele me libertou da morte,
livrou meus olhos das lágrimas,
preservou de uma queda meus pés.
Caminharei na presença do SENHOR
na terra dos vivos.
Acreditei, até mesmo quando eu dizia:
'É demais meu sofrimento'.
Eu disse na hora da aflição:
'Todo homem é mentiroso'.
Que retribuirei ao SENHOR
por todo o bem que me deu?

Erguerei o cálice da salvação
e invocarei o nome do SENHOR.
Cumprirei meus votos ao SENHOR
diante de todo o seu povo.
É preciosa aos olhos do SENHOR
a morte dos seus fiéis.
SENHOR, sou teu servo,
sim, sou teu servo, filho de tua serva:
quebraste as minhas cadeias.
Vou te oferecer um sacrifício de louvor
e invocarei o nome do SENHOR.
Vou cumprir minhas promessas ao SENHOR
diante de todo o seu povo,
nos átrios da casa do SENHOR,
no meio de ti, Jerusalém."

Oração à Santíssima Virgem[2]

Castíssima Virgem Maria, em virtude da grande inocência e pureza com a qual preparastes ao Filho de Deus uma confortável morada em vosso seio virginal, fazei que por vossas orações mereça ser purificada de toda mancha.

***

Humilde Virgem Maria, em virtude da profundíssima humildade pela qual merecestes ser exaltada acima de todos os coros dos anjos e de todos os santos, fazei que todas as minhas negligências sejam reparadas por vossas orações.

---

[2] A própria Virgem Santíssima ensinou a Santa Gertrudes estas três pequenas orações, assegurando-lhe que, pela virtude nelas encerrada, atrairia a si as complacências da Santíssima Trindade. (L. 4, c. 49.). Na *Revista Arautos do Evangelho*, n. 3, mar. 2002, à p. 6, assim escreveu Carlos Alberto Correa: "Gertrudes era uma freira muito devota de Nossa Senhora. Entre as práticas de piedade mariana que cultivava, encantava-a sobretudo a Ave-Maria ou 'Saudação Angélica'. Certo dia estava rezando em seu quarto, quando este se iluminou com uma luz mais intensa que a do Sol. Era o próprio Jesus, que vinha conversar com ela. Apesar da majestade da aparição, Santa Gertrudes – pois é dela que falamos – não interrompeu as orações. Notou, com surpresa, que a cada 'Ave-Maria' recitada, Jesus colocava sobre uma mesa uma linda moeda, de um ouro todo especial, de um brilho não conhecido nesta terra. Após alguns instantes, perguntou ela ao Salvador: 'Senhor, que fazeis?'. 'Gertrudes, cada Ave-Maria que você reza lhe obtém uma moeda de ouro para o céu. Sim, minha filha, esta é a moeda com a qual se compra o paraíso'".

***

Amabilíssima Virgem Maria, por aquele inestimável amor que vos uniu intimamente a Deus, fazei que por vossas orações alcance em abundância toda espécie de méritos. Amém.

Oração a Jesus Cristo[3]

Ó amantíssimo Jesus e Senhor, pelo amor do vosso dulcíssimo coração, suplico-vos digneis oferecer por mim a Deus, vosso Pai, esta perfeição com a qual a ele vos apresentastes no momento da vossa ascensão, para receberdes a glória que vos estava preparada. Dignai-vos por vossa inocentíssima humanidade, tornar pura e imaculada de todo pecado minha pobre alma tão manchada.

Por vossa excelente divindade, adornai-a e enriquecei-a de todas as virtudes; enfim, por aquele amor que uniu vossa adorável divindade à vossa imaculada humanidade, dignais-vos dispor perfeitamente minha alma cumulando-a de todos vossos dons. Amém.

---

[3] Tendo recitado Santa Gertrudes esta oração antes da Comunhão, e procurando ver o que por ela teria alcançado, disse-lhe o Senhor: "Alcançastes que agora estais aos olhos dos habitantes do céu ornada de todo o brilho que me pedistes" (L. 3, c. 34).

Orações ao Espírito Santo[4]

Ó Espírito Santo, és a fonte por que anseio; és o desejo do meu coração. Oceano transbordante de águas, absorve essa gota errante que almeja sair de si mesma para entrar em ti. Só tu és a inteira substância do meu coração e a ti me apego com todo fervor. Oh! Que amável união! Tal familiaridade contigo é deveras a coisa mais aprazível da vida. Teu perfume é como bálsamo de propiciação e de paz.

***

Ó Espírito Santo, ó amor, és o ósculo suavíssimo da Santíssima Trindade que une o Pai e o Filho. És aquele bendito ósculo que a real divindade deu à humanidade por meio do Filho de Deus. Ó ósculo dulcíssimo, não me abandones, átomo de pó que sou; que os teus amplexos me cinjam até que eu seja com Deus uma coisa só. Faze-me experimentar, Deus vivo, que delícias há em ti. Dulcíssimo amor, faze que te abrace, que me una a ti! Ó Deus-amor, és minha posse caríssima, sem a qual não espero, nem quero, nem desejo outra coisa, no céu e na terra.

---

[4] SCHWAB, Artur. *Assim rezavam ao Espírito Santo... os santos, os papas, os teólogos...* pp. 18, 19, 36 e 57.

***

Espírito Santo, amor divino, laço da Santíssima Trindade pela força do amor! Repousas e achas prazer entre os filhos dos homens. Por ti, ó Espírito Santo, infundiram-se em nós os mais preciosos dons. De ti procede a boa semente que produz frutos de vida.

Ó Espírito Santo, és a fonte por que suspiro, a saudade do meu coração. És a plena e única vida do meu coração, e a ti me apego com todo fervor.

Oh! Que formosa união! Deveras, tal familiaridade contigo é mais valiosa que a própria vida. Teu perfume é como o bálsamo da reconciliação e da paz. Ó Espírito Santo de amor, és o ósculo da Santíssima Trindade que une o Pai e o Filho. És o ósculo bendito que a real divindade imprimiu na humanidade por meio do Filho de Deus.

Não me abandones, átomo de pó que sou. Faz-me experimentar, Deus vivo, que delícias há em ti... Deus de misericórdia, doçura e amor meu, envia do Paraíso o teu Espírito Santo e cria em mim um coração novo e um novo espírito. Tua unção tudo me suavize; eu te escolhi entre milhares e te amo sobre todo amor e mais que minha própria alma.

Ó Espírito Santo, Deus de amor, aceitai-me em tua misericórdia e amor, a fim de que, pelo decurso de minha vida, sejas meu mestre e amigo bondoso de meu coração.

***

Vem, Espírito Santo, vem, Deus de amor, e replena alma tão vazia de todo bem. Inflama meu coração para amar-te. Ilumina a minha mente para conhecer-te. Atrai-me para que encontre minha alegria em ti. Tornai-me capaz de fruir de ti eternamente.

Conclusão

O ideal de uma regra de vida é sempre levar seu seguidor a uma verdadeira santidade. Uma regra de vida que tem como ponto de partida o encontro com Deus através de Jesus Cristo, com certeza é digna de ser seguida.

Santa Gertrudes a seguiu. Entrou aos cinco anos de vida no monastério das monjas beneditinas, que tinha como seguimento as Regras de São Bento. Fez uma experiência única de vida consagrada ao Senhor. Viveu o verdadeiro ideal de uma monja. Sempre dedicada a cumprir as tarefas de sua vida de consagração a Jesus, teve grande paixão pelos estudos das Sagradas Escrituras (*Lectio Divina*), pela Liturgia e pela vida fraterna. Foi muito estimada entre as monjas de sua comunidade por sua delicadeza e afabilidade.

Grande mística, consegue fazer uma experiência do amor apresentado no livro do Cântico dos Cânticos, o amor da esposa pelo Esposo:

> Que ele me beije com os beijos de sua boca!
> São melhores que o vinho teus amores, como a fragrância dos teus refinados perfumes. Como perfume derramado é o teu nome,

por isso as adolescentes enamoram-se de ti. Leva-me atrás de ti. Corramos! Que o rei me introduza nos seus aposentos: exultemos e alegremo-nos contigo, celebrando teus amores, melhores que o vinho. Com razão elas te amam! (Ct 1,2-4).

Santa Gertrudes descobre a beleza do Amado. Por ele vive intensamente cada instante de sua vida. Afeiçoou-se totalmente àquele que por primeiro nos amou.

Em Jesus, Santa Gertrudes consegue fazer a experiência do Deus apaixonado, o Deus misericordioso e compassivo. Na Liturgia descobre o valor do verdadeiro louvor ao Deus que nos faz todo bem. Tanto que está comprovado que as graças místicas que Santa Gertrudes recebeu estão em íntima relação com sua vida litúrgica: nas procissões, nas missas, durante a recitação do Ofício Divino, durante os sermões na capela, nos hinos que canta, nos intervalos de silêncio e de outras formas ainda.

Com base nisso, podemos dizer que os escritos de Santa Gertrudes são muito atuais, pois eles retratam realidades evangélicas, as quais são sempre novas. O que Jesus pediu no Evangelho aos discípulos é o que pede a nós ainda hoje. O que viveu Santa Gertrudes, também somos nós convidados a viver.

Toda a sua mística tem como base a realidade da vivência humana apresentada no Santo Evangelho: a encarnação de Cristo. Experiência que fez de Gertrudes a precursora da devoção ao Sagrado Coração, símbolo do amor redentor, mediador, sacerdotal, única porta para se chegar ao Pai e único canal de graça.

Hoje, faz-se necessário redescobrir Santa Gertrudes. Não só como padroeira, mas como guia, modelo de vida interior, experiência mística, mestra do Evangelho e de vida litúrgica. Talvez seja por isso que, em Roma, no Vaticano, um prelado por Deus esclarecido, Monsenhor Stella, tenha dedicado uma capela à nossa Virgem Seráfica e julgou ser tarefa de vida propagar por palavras e por escrito o culto desta santa. Isso, todavia, é a expressão do triunfo que agora de novo alcança na Espanha, França, Inglaterra, Alemanha e, não em último lugar, no Brasil.[1]

Santa Gertrudes é filha de São Bento no sentido mais elevado, por assim dizer: a personificação do espírito que caracteriza a ordem do grande Patriarca. Este espírito não é senão o espírito de liberdade evangélica e da vida litúrgica da Igreja.[2]

Que Santa Gertrudes nos mostre o caminho. Caminho que é Jesus Cristo, e que

---

[1] *Manual Gertrudiano*, Introdução, p. 3.
[2] Id. ibid.

nos leva ao Pai. Assim queremos terminar esta pequena obra sobre Santa Gertrudes com as seguintes palavras:

> Tal era Santa Gertrudes, a santa dos louvores e dos piedosos desejos! Oxalá ela tornasse a ser outra vez para a Igreja o que foi nos séculos passados – a doutora e a profetisa da vida interior, como Débora, que assentada sob as palmeiras do monte Efraim entoava seus cânticos e julgava Israel![1]

---

[1] FABER, Frederico William. *Tudo por Jesus ou Caminhos fáceis do amor divino*, p. 8.

Bibliografia

BESSA, Ana Maria. *Os dois corações*. Curitiba: Correio Rainha da Paz, 1996. 116 p.

DOLAN, D. G. *Sainte Gertrude, sa vie intérieure*. Lille: Desclée de Brouwer, 1923.

FABER, Frederico William. *Tudo por Jesus ou Caminhos fáceis do amor divino*. Rio de Janeiro: Garnier-Livreiro Editor, s.d.

GRÜN, Anselm. *A oração como encontro*. Petrópolis: Vozes, 2001. 148 p.

JOÃOZINHO, Padre. *As 12 promessas do Coração de Jesus*. São Paulo: Loyola, 2000. 71 p.

MANUAL GERTRUDIANO. [s.l.] Helder Tipografia, 1914. 411 p.

MARMION, Colomba. *Jesus Cristo ideal do monge*. Porto: Ora & Labora, 1962.

GERTRUDE D'HELFTA. *Le Héraut de l'amour Divin*. Paris: Les Éditions Du Cerf, s.d.

GERTRUDIS DE HELFTA. *Mensaje de la Misericordia Divina* (El heraldo del amor divino). Madrid: Biblioteca de Autores Cristianos. 1999. 222 p.

PIERRARD, Pierre. *História da Igreja*. 3. ed. São Paulo: Paulus, 1989.

REVISTA ARAUTOS DO EVANGELHO, n. 3, São Paulo, mar. 2002.

SANTA GERTRUDES, A GRANDE. *Mensagem do amor de Deus: revelações de Santa Gertrudes*. São Paulo: Artpress, 2003.

SANTISO, Maria Teresa Porcile. *Con ojos de mujer*. Montevideo: Doble Clic, 1997.

SCHWAB, Artur. *Assim rezavam ao Espírito Santo... os santos, os Papas, os teólogos...* 3. ed. São Paulo: Loyola, 1995. 70p.

SORRENTO, Benedettine di (ed.) *Gli ezercizi: S. Gertrude, la grande*. 2. ed. Siena: Cantagalli, 1996. 195 p.

TESSAROLO, Andrea. *Theologia Cordis*. Bauru: EDUSC. 177 p.

Impresso na gráfica da
Pia Sociedade Filhas de São Paulo
Via Raposo Tavares, km 19,145
05577-300 - São Paulo, SP - Brasil - 2014